Unnützes Wissen für Teenager

336 kuriose und interessante
Fakten, die dich staunen lassen

Lea Winterer

Alle Ratschläge in diesem Buch wurden vom Autor sorgfältig erwogen und geprüft. Eine Garantie kann dennoch nicht übernommen werden. Eine Haftung des Autors für jegliche Personen-, Sach- und Vermögensschäden ist daher ausgeschlossen.

Unnützes Wissen für Teenager
Copyright © 2022 Lea Winterer

Alle Rechte, insbesondere das Recht der Vervielfältigung und Verbreitung, der Übersetzung, sind dem Autor vorbehalten. Kein Teil des Werkes darf in irgendeiner Form (durch Fotokopie, Mikrofilm oder ein anderes Verfahren) ohne schriftliche Genehmigung des Autors reproduziert oder unter Verwendung elektronischer Systeme gespeichert, verarbeitet, vervielfältigt oder verbreitet werden.
Auflage 2022

Einleitung

Wusstest du, dass Grönlandhaie erst in die Pubertät kommen, wenn sie etwa 150 Jahre alt sind?

Oder, dass Erstgeborene in IQ-Tests häufig deutlich besser abschneiden, als Zweit- oder Drittgeborene?

In diesem Buch erfährst du viele spannende Fakten und auch so manch unnützes Wissen zu Themen, die dich wirklich interessieren.

Punkte in der Schule, bei Freunden oder auf der nächsten Familienfeier mit deinem neuen Wissen und dir werden niemals wieder die Gesprächsthemen ausgehen.

Insgesamt erwarten dich 336 spannende Fakten zu Themen wie Social Media, Influencer, Pubertät, Generation Z, Mode, aber auch zu Gaming und Technik sowie viele weitere interessante Bereiche des Lebens.

Also mache es dir gemütlich, lehne dich zurück und verschlinge die Informationen in diesem Buch, die dich wahrscheinlich sehr oft staunend zurücklassen werden.

Viel Spaß beim Lesen!

Kategorie: Social Media

 Die Videoplattform TikTok wurde im Jahr 2016 gegründet und war vorher unter dem Namen Musical.ly bekannt.

 Die zugehörige App zur Plattform TikTok wurde bisher insgesamt 3 Milliarden Mal heruntergeladen.

 TikTok Nutzer verbringen im Durchschnitt etwa 52 Minuten am Tag auf der Plattform. Das ist ganz schön viel Zeit, oder?

 Die meisten TikTok-Abonnenten hat der senegalesisch-italienische Khabane Lame. Über 146 Millionen Nutzer begeistert er mit Parodien und lustigen Videos auf der Plattform.
Die Influencerin Charli D`Amelio aus den USA folgt auf Platz zwei mit 143 Millionen TikTok-Abonnenten.

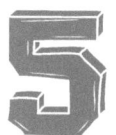 In China gibt es eine separate Version von TikTok. Die App heißt dort Douyin.

 Am 16. Juli 2010 wurde auf Instagram das erste Bild gepostet. Es war ein Foto von einem Hund, welches der Gründer Kevin Systrom veröffentlicht hat.

 Ein Beitrag auf Instagram enthält durchschnittlich 10,7 Hashtags.

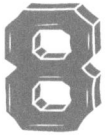 Unter allen Internetnutzern in Deutschland, nutzen viele von ihnen folgende Social-Media-Plattformen: WhatsApp (84%), Facebook (61%), Instagram (54%), Pinterest (30%), TikTok (26%), Twitter (22%) und Telegram (20%).

9 Snapchat hieß bei seiner Gründung 2011 noch Picaboo. Klingt süß, oder?

10 In einer Umfrage teilten 60% der Facebook Nutzer mit, dass sie ihr Profil löschen würden, wenn man ihnen 500€ dafür geben würde. Gehörst du auch dazu?

11 Der Like-Button bei Facebook sollte ursprünglich mal Awesome-Button heißen. Marc Zuckerberg hat sich schließlich doch für den Like-Button entschieden.

12 Die meisten Follower auf Instagram hat nicht etwa Kim Kardashian, sondern der Fußballer Christiano Ronaldo. Ihm folgen 435 Millionen Nutzer.

SOCIAL MEDIA

Kategorie: Handy & Internet

 Das Internet gibt es bereits seit 1969. Dabei wurden zwei Computer das erste Mal über eine Telefonleitung miteinander verbunden.

 Das heute genutzte und bekannte World Wide Web- kurz www. ist allerdings erst seit 1993 für alle nutzbar.

 Wusstest du, dass etwa 92% aller weltweiten Suchanfragen über die Suchmaschine Google erfolgen? Andere Suchmaschinen, wie Bing oder Baidu, können da nicht mithalten.

 Das sogenannte Darknet wird nicht über zentrale Server abgewickelt und lässt sich auch nicht über Suchmaschinen finden. Man benötigt außerdem den Darknet-Browser Tor.

 Wusstest du, dass etwa 70% aller versendeten E-Mails, Spam sind? Ein Hoch auf einen effektiven Spamfilter.

 Das erste YouTube Video wurde 2005 von seinem Gründer Jawed Karim hochgeladen und heißt "Me in the zoo". Es ist noch heute auf seinem Kanal online.

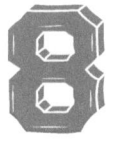 Das meistgenutzte Passwort im Internet ist : 123456 - besonders kreativ oder sicher ist das nicht.

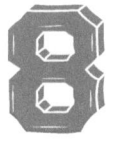 Laut dem Entwickler von GIF wird das Bildformat "JIFF" ausgesprochen.

9 Die erste SMS wurde im Jahre 1992 versendet und hatte "Merry Christmas" zum Inhalt.

10 In Finnland ist Handy-Weitwurf eine offizielle Sportart.

11 Auf Smartphone-Displays befinden sich 18 Mal mehr Bakterien als auf Toilettensitzen. Ganz schön ekelig, oder?

12 Die Angst, mobil nicht erreichbar zu sein, wird als "Nomophobie" bezeichnet.

Kategorie: Netflix & Co.

 Das Unternehmen Netflix wurde bereits 1997 gegründet. Das eigentliche Streaming von Filmen ist allerdings erst seit 2007 möglich.

 Der Name Netflix setzt sich aus den Worten Net für Internet und Flicks für Filme zusammen und bedeutet somit übersetzt Internet-Filme.

 Die Filme und Serien auf Netflix sind in über 76.000 Kategorien aufgeteilt. Neben bekannten Kategorien wie Komödie oder Action, gibt es auch besondere Kategorien, wie beispielsweise coole Schnurrbärte.

 41% aller Nutzer zahlen keinen Cent an Netflix, da sie sich den Account mit anderen Personen teilen.

 Der letzte Film, an dem Walt Disney beteiligt war, war Dschungelbuch. Danach starb er an Krebs.

 Fast alle Disneyfiguren sind Waisen oder Halbwaisen und verloren einen oder sogar beide Elternteile. Grund dafür ist, dass Walt Disney selbst seine Mutter als Kind verlor.

Walt Disney ist die Person, der die meisten Oscars verliehen wurden. Ganze 26 Oscars hat er im Laufe seiner Karriere erhalten.

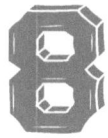 Die meisten Oscars für ihre schauspielerische Leistung hat übrigens Meryl Streep erhalten. Es waren insgesamt. 14 Stück.

9 In Deutschland sind Netflix und Amazon Prime Video gleich beliebt. An dritter Stelle folgt Disney+.

10 Das erste Video, welches über 1 Milliarde Aufrufe auf YouTube hatte, war "Gangnam Style" von PSY im Jahr 2010.

11 Am Tag der Gründung konnte Disney+ bereits 10 Millionen neue Abonnenten für sich gewinnen.

12 Rund 33% aller Online-Aktivitäten werden für das Streamen von Videos genutzt.

Kategorie: Generation Z

 Die Generation Z legt viel Wert auf Gesundheit. 44% haben eine Tracking-App zum Thema Gesundheit auf dem Smartphone installiert.

 40% aller jungen Menschen der Generation Z spielen täglich Online-Games.

 Die Generation Z macht in Deutschland 13,9% der Bevölkerung aus.

 53% aller Jugendlichen haben sich schon mal zu einem Kauf durch eine Produktwerbung eines Influencers verleiten lassen. Gehörst du auch dazu?

 Die Generation Z wird oft auch als Digital Natives bezeichnet. Sie nutzen im Schnitt 6 Mediengeräte. Sind es bei dir auch so viele?

 Die beliebtesten YouTube Videos der Generation Z fallen unter die Kategorie Musik, lustige Clips und lets play Videos.

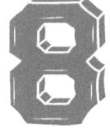 22% aller Jugendlichen haben mindestens ein Elternteil mit Migrationshintergrund. Wie sieht es bei dir aus?

Jugendliche verbringen im Durchschnitt 6-11 Stunden täglich an einem Mediengerät. Ganz schön viel Zeit, oder?

9 37% aller Jugendlichen waren schon in psychotherapeutischer Behandlung.

10 Zugehörige der Generation Z werden umgangssprachlich auch Zoomer genannt.

11 98% aller Jugendlichen besitzen ein Smartphone.

12 66% aller Zoomer besitzen ein iPhone.

Kategorie: Musik

 Wer während des Trainings Musik hört, verbessert nachweislich seine sportliche Leistung.

 Für den Song "Happy Birthday to you" erhält Warner Music 5.500$ - und zwar täglich.

 Wenn du etwas auswendig lernen willst, solltest du auf Musik verzichten. Es vermindert nachweislich die Merkfähigkeit.

 Spielt man Termiten Heavy-Metal vor, so fressen sie Holz doppelt so schnell. Verrückt, nicht wahr?

 Justin Bieber wurde im Jahr 2008 als 13-jähriger Junge von einem Musikmanager entdeckt, der auf seine YouTube Videos aufmerksam wurde.

 Wusstest du, dass laute Musik zum Trinken anregt? In einer Studie haben Männer ihr Bier ohne Musik im Schnitt in 15 Minuten geleert. Mit lauter Musik verkürzte sich die Zeit auf 12 Minuten.

 Der bisher erfolgreichste Song in Deutschland stammt aus dem Jahr 1997 aus der Feder von Elton John. Die Single "Something about the way you look tonight" verkaufte sich 4,5 Millionen mal.

 Der Song "Umbrella" von Rihanna wurde ursprünglich für Britney Spears geschrieben.

9 Mozart war fünf Jahre alt, als er sein erstes Stück komponierte.
Und was hast du so mit 5 gemacht? :)

10 Apropos 5-jähriger: Michael Jackson begann seine Karriere ebenfalls mit 5 Jahren. Er trat mit seinen Geschwistern damals als "Jackson 5" auf.

11 In Brooklyn gibt es eine ziemlich coole Highschool. Denn auf dieser Schule waren sowohl Jay-Z, Busta Rhymes, als auch Notorious BIG.

12 Wusstest du, dass Elvis keinen einzigen seiner Songs selbst geschrieben hat?

Kategorie: Jugendsprache & Bildung

 Das Jugendwort des Jahres wird seit dem Jahr 2008 gekürt. Initiator für die Wahl ist der Langenscheidt Verlag.

 Das erste Jugendwort aus dem Jahre 2008 war "Gammelfleischparty" und bezeichnet eine Party für Menschen über 30 Jahre.

 Das aktuellste Jugendwort aus dem Jahr 2021 lautet "cringe" und ist das englische Wort für Fremdschämen.

 Die Schule beginnt in den Niederlanden für Kinder bereits mit vier Jahren. Die Kinder werden jeweils zu ihrem Geburtstag eingeschult und beginnen somit nicht alle am gleichen Tag.

 Wusstest du, dass es an deutschen Schulen kuriose Wahlfächer, wie Bienenkunde, Wasserballett oder Kryptologie gibt?

 Über 32.000 Schüler besuchen die Montessori Schule in Lucknow, Indien, und machen sie so zur größten Schule der Welt.

 In Turin, Italien, steht die kleinste Schule der Welt. Sie hat nur einen Schüler. Ganz schön einsam, oder?

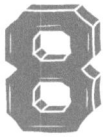 In Russland beginnt die Schule immer zum 01. September- dem sogenannten Tag des Wissens. Dabei ist es egal, ob der Tag auf einen Wochentag oder ein Wochenende fällt.

9 Die kürzeste Doktorarbeit reichte eine Medizinstudentin aus Münster ein. Sie umfasste ganze drei Seiten Text plus Tabelle und Abbildung.

10 In Deutschland kannst du kuriose Studiengänge, wie "angewandte Freizeitwissenschaft" oder "Körperpflege auf Lehramt" belegen.

11 Die größte deutsche Universität ist die Fernuni Hagen und hat über 70.000 Studierende.

12 Die älteste Universität befindet sich in Heidelberg. Die Ruprecht-Karls-Universität wurde bereits 1386 gegründet.

Kategorie: Sport

 Das Finalspiel der Fußball-WM 2022 findet in Lusail, Katar, statt. Diese Stadt gab es bis vor kurzem gar nicht. Sie wurde als Projektstadt neu erschaffen.

 Ganze 46.001 Liegestütze an nur einem Tag - so lautet der Weltrekord. Wie viele schaffst du?

 Miguel Indurain ist Sieger der Tour de France und hat einen Ruhepuls von 28 Schlägen pro Minute. Der durchschnittliche Ruhepuls liegt bei 60 bis 80 Schlägen pro Minute.

 In Finnland gibt es einen Fußballverein mit dem Namen FC Kiffen 08.

 Der am meisten verbreitete Sportclub-Name der Welt ist "Dynamo".

 Der kleinste Basketballspieler der NBA war Tyrone Bogues mit einer Körpergröße von nur 160 cm.

 Alle 10 Jahre verlieren wir 3kg an Muskulatur. Deswegen ist es wichtig, schon früh dagegen anzusteuern.

 Der stärkste Muskel in deinem Körper ist der Kaumuskel. Er hat eine Beißkraft von 80kg.

9 Abebe Bakila aus Äthiopien gewann bei den Olympischen Spielen 1960 die Goldmedaille im Laufen. Er trug bei dem Wettkampf keine Schuhe.

10 Apropos barfuß: da die FIFA es der indischen Nationalmannschaft nicht erlaubte, barfuß zu spielen, sagte das Land 1950 die Teilnahme an der WM ab.

11 Fußballer, die sich arbeitslos melden, werden von der Arbeitsagentur als Künstler geführt.

12 Professionelle Radfahrer rasieren sich oft die Beine, da sie so auf 10km jeweils eine Sekunde Zeit sparen können.

Kategorie: Rund ums Essen

 Teebeutel bestehen aus den Blattfasern einer Bananenstaude.

 Es gibt mehr Menschen auf der Welt, die übergewichtig sind als Menschen, die untergewichtig sind.

 Eine Gurke besteht zu 96% aus Wasser. Eine Wassermelone hingegen aus 92% aus Wasser.

 Die chinesischen Glückskekse wurden in den USA erfunden.

 Je betrunkener man ist, desto hässlicher findet man andere Menschen. Man kann sich also niemanden schön trinken.

 Mit Cola kann man Rost lösen.

 In Grönland werden nun auch Erdbeeren angebaut. Schuld ist der Klimawandel.

 Etwa 8 Liter Speiseeis isst jeder Deutsche pro Jahr. Wie viel Eis ist es wohl bei dir?

9 Das menschliche Gehirn reagiert auf Zucker in ähnlichem Maße, wie auf Kokain.

10 In 100g Salami steckt viermal so viel Vitamin C wie in 100g Apfel.

11 Eskimos benutzen Kühlschränke, damit ihnen das Essen nicht einfriert.

12 Hunde und Katzen darf man in Deutschland seit dem Jahr 1986 nicht mehr schlachten und verzehren.

Kategorie: Rund um den Globus

 In Hamburg gibt es insgesamt mehr als 2.500 Brücken. Das sind mehr als in Venedig und Amsterdam zusammen.

 In den Trevi-Brunnen in Rom werden täglich circa 3.000 Euro geworfen.

 Es leben mehr Iren außerhalb von Irland, als in Irland selbst. Die meisten von ihnen leben in den USA.

 Um einmal die gesamte Chinesische Mauer entlangzulaufen, bräuchte man 18 Monate.

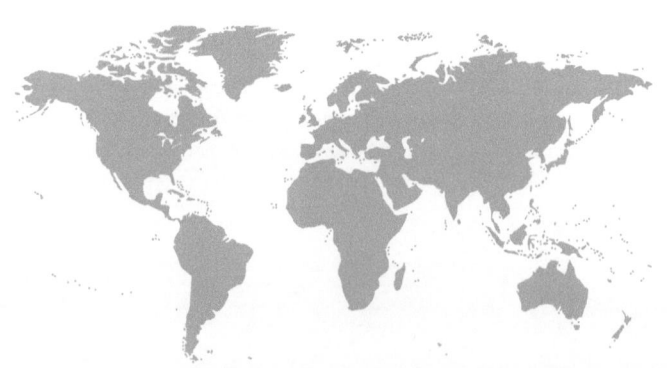

 In Tadschikistan gilt die Monobraue (durchgängige Augenbrauen) als ultimatives Schönheitsideal.

 In Dubai gibt es sogenannte Goldautomaten. Dort kannst du richtige Goldbarren abheben, wenn du das nötige Kleingeld besitzt.

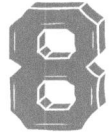 Oimjakon in Russland ist der kälteste bewohnte Ort der Welt. Dort wird es im Winter bis zu -70 Grad kalt.

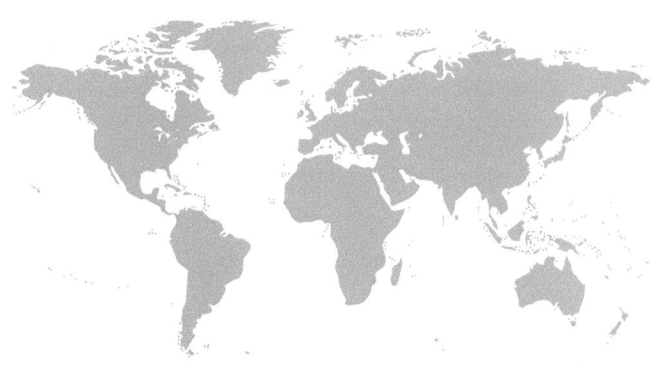 Das Land Liechtenstein ist nur 4km breit und 25km lang. Du könntest es also an einem Tag durchwandern.

9 Im Durchschnitt isst jeder Franzose etwa 500 Schnecken im Jahr. Ganz schön ekelig, nicht wahr?

10 In Berlin gibt es mehr Dönerimbisse als in Istanbul.

11 In Island gibt es keine Stechmücken. Ein tolles Land :)

12 Das größte Land ohne einen Fluss ist Saudi-Arabien.

Kategorie: Mode

 Im Durchschnitt hat jeder Deutsche 95 Kleidungsstücke im Schrank (ohne Socken und Unterwäsche). Besitzt du auch so viel oder gar mehr?

 Zur Herstellung einer Jeanshose werden 7.000 Liter Wasser verbraucht.

 Das Firmenlogo von Nike kostete den Konzern lediglich 35 Dollar. Eine Studentin hat es 1971 entworfen.

 Coco Chanel ist lediglich ein Künstlername. Die berühmte Modeschöpferin hieß mit Vornamen tatsächlich anders- nämlich Gabrielle.

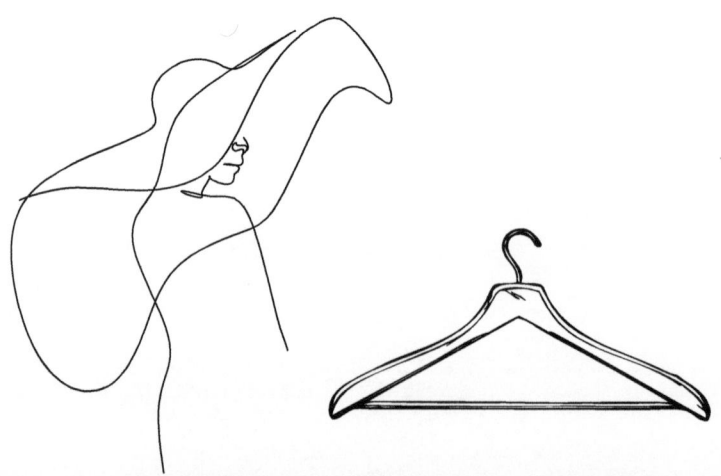

 Pro Jahr gibt es mehr als 100 Fashion Weeks. Die größten sind in New York, Mailand und Paris.

 Eine durchschnittliche Frau kauft im Laufe ihres Lebens 145 Handtaschen.

 Ein Kleidungsstück aus Polyester benötigt 200 Jahre, bis es vollständig abgebaut ist.

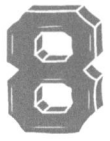 Guanin wird als Inhaltsstoff für schimmernden Lidschatten oder Nagellack verwendet. Es handelt sich dabei um Fischschuppen.

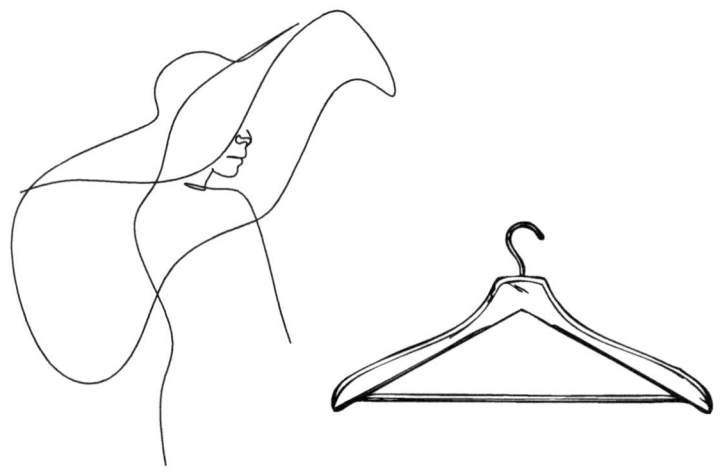

 Die erste Jeans von Levi's wurde 1853 zu einem Preis von 6$ verkauft. Das war damals eine Menge Geld.

 74% aller Designer sind weiblich.

11 Die wertvollste Modemarke der Welt ist Louis Vuitton mit einem Markenwert von 36,8 Mrd. US-Dollar.

12 Im Zeitalter der Renaissance galt es als schön, keine Augenbrauen zu haben. Man hat sie damals einfach wegrasiert. Schau dir nur mal das Gemälde von Mona Lisa an.

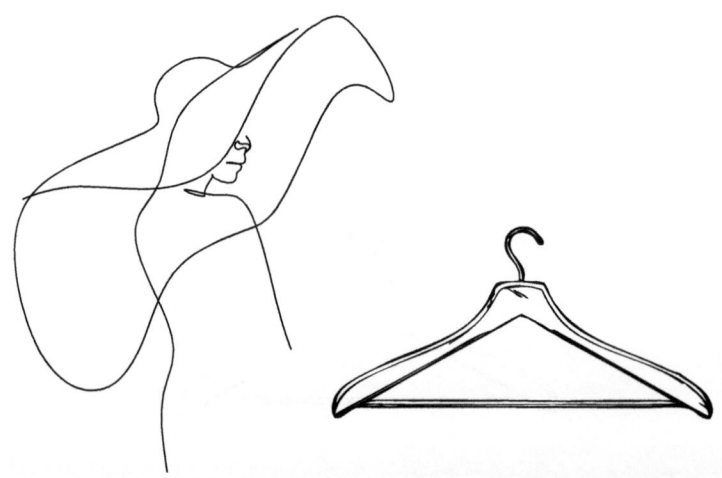

Kategorie: Technik

 Der erste erfundene Wecker konnte nur zu einer Uhrzeit klingeln- und das war um 4 Uhr morgens. Ganz schön früh, oder?

 Die erste Ampel der Welt wurde 1868 in London in Betrieb genommen. Da sie mit Gas betrieben wurde, explodierte sie irgendwann.

 Die erste Kamera benötigte 8 Stunden, um ein Foto aufzunehmen. Deswegen lachte damals auch niemand auf Bildern.

 Über 90% des weltweiten Geldes ist nur noch digital vorhanden.

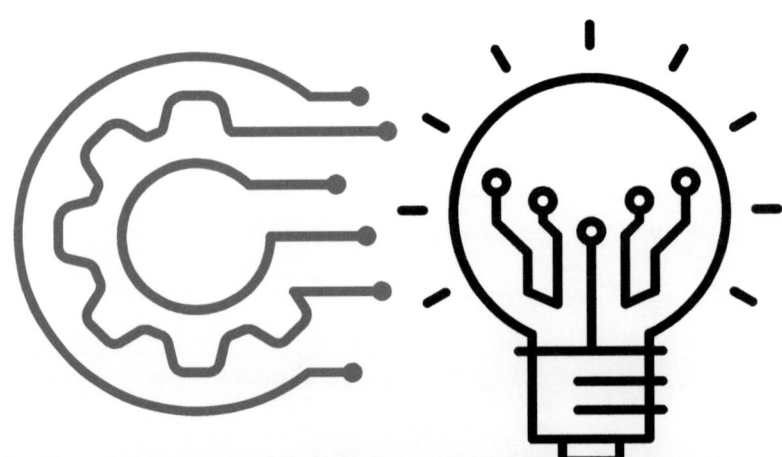

 Du lebst immer in der Vergangenheit. Denn zwischen dem, was passiert und deinem Bewusstsein liegen 80 Millisekunden.

 Deine Lesegeschwindigkeit auf einem Bildschirm ist um circa 10% geringer, als auf einem Blatt Papier.

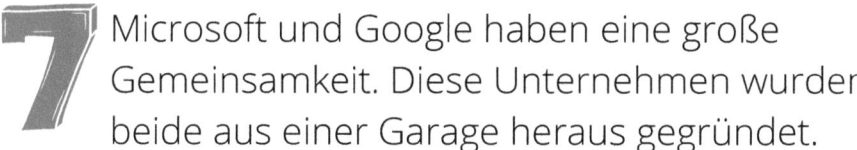 Microsoft und Google haben eine große Gemeinsamkeit. Diese Unternehmen wurden beide aus einer Garage heraus gegründet.

 Der Konzern Amazon wurde vom Gründer Jeff Bezos ehemals als Cadabra Inc gegründet.

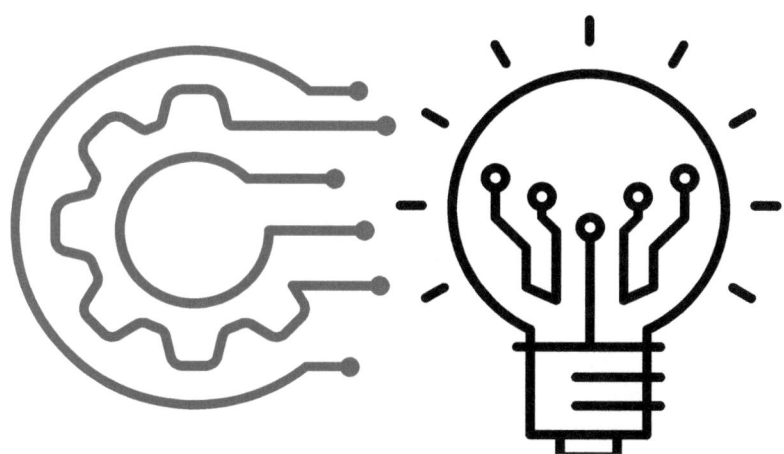

9 Mehr Handys als Toiletten: Etwa 6 Milliarden Menschen haben ein Handy, während nur 4,5 Milliarden eine Toilette haben.

10 Der Begriff Roboter ist aus dem tschechischen Begriff für Zwangsarbeit abgeleitet.

11 1974 wurde der erste Barcode Scanner in Betrieb genommen. Das erste jemals gescannte Produkt war eine Packung Kaugummis.

12 Chirurgen, die in ihrer Jugend häufig Computerspiele gespielt haben, machen 37% weniger Fehler als die Vergleichsgruppe.

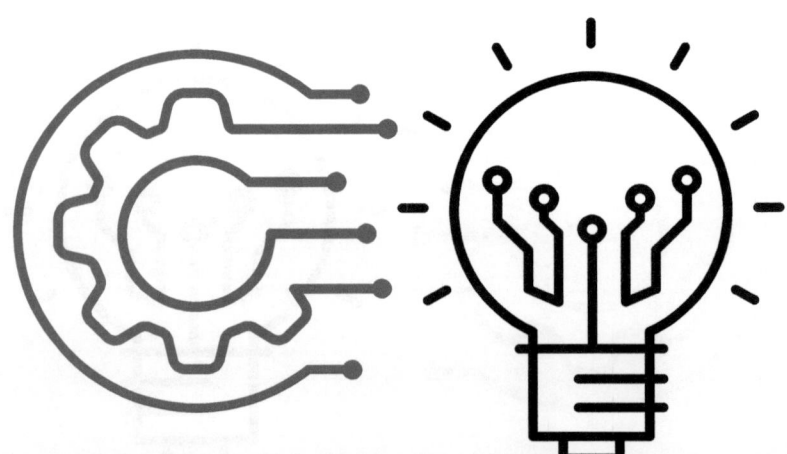

Kategorie: Eltern & Kinder

 437 Fragen am Tag stellt durchschnittlich ein 4-jähriges Kind. Ganz schön viel, oder?

 Neugeborene können noch nicht mit Tränen weinen. Dies funktioniert erst mit circa 3 Wochen.

 Neugeborene sind farbenblind und sehen generell nur verschwommen.

 Erstgeborene schneiden häufig in IQ-Tests besser ab, als Zweit- oder Drittgeborene.

 Der älteste Vater war bei der Geburt seines Kindes bereits 96 Jahre alt.

 Babys auf Bali dürfen aus religiösen Gründen den Boden nicht berühren, bevor sie nicht 3 Monate alt sind.

 Kinder mit strengen Eltern lügen häufiger, da sie Angst davor haben, die Wahrheit zu sagen.

 Bisher gibt es keinen Vaterschaftstest, der eindeutig bestimmen kann, wer der Vater ist, wenn der Vater ein eineiiger Zwilling ist.

9 Jüngere Geschwister sind oft risikofreudiger und betreiben häufiger Extremsportarten als ihre älteren Geschwister.

10 Geschwister streiten sich im Durchschnitt etwa 3,5 Mal pro Stunde.

11 Kinder kommen ohne Kniescheibe auf die Welt. Sie bildet sich erst im Laufe der ersten 3 Jahre.

12 Bis zum Alter von 7 Monaten können Babys gleichzeitig atmen und schlucken. Probiere es auch mal aus.

Kategorie:
Aus der Tierwelt

 Flamingos sind von Natur aus gar nicht rosa. Sie werden es nur, weil sie Krabben fressen.

 Delfine geben ihren Freunden individuelle Namen, wenn sie sie rufen.

 Tiger haben nicht nur gestreiftes Fell, sondern auch gestreifte Haut.

 Ameisen sind richtige Arbeitstiere, denn sie schlafen nie.

 Hummer haben blaues Blut. Insekten haben gelbes Blut und Säugetiere haben rotes Blut.

 Eine Kakerlake kann sogar eine Woche ohne Kopf überleben. Ganz schön gruselig, oder?

 Katzen sind ziemliche Vielschläfer. Sie schlafen etwa zwei Drittel ihres Lebens.

 Libellen haben ein sehr kurzes Leben. Sie leben im Schnitt nur 24 Stunden.

9 Tintenfische haben drei Herzen.

10 Muscheln haben zwei Geschlechter und können ihr Geschlecht mehrmals in ihrem Leben ändern.

11 Jeden Tag ein Ei? Nicht ganz. Hühner legen im Schnitt 300 Eier pro Jahr.

12 In einer Matratze leben im Schnitt etwa 6 Milliarden Milben. Lecker!

Kategorie: Influencer

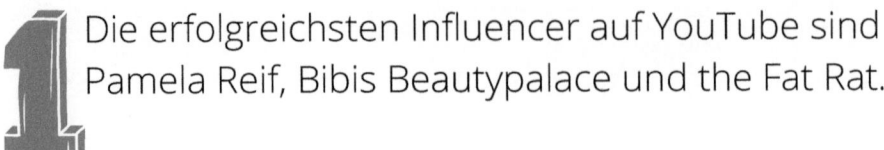 Die erfolgreichsten Influencer auf YouTube sind Pamela Reif, Bibis Beautypalace und the Fat Rat.

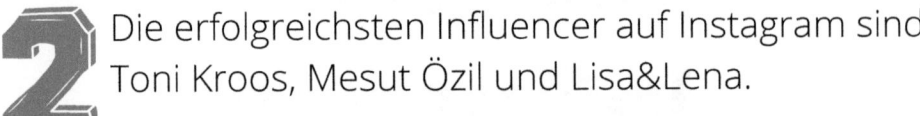 Die erfolgreichsten Influencer auf Instagram sind Toni Kroos, Mesut Özil und Lisa&Lena.

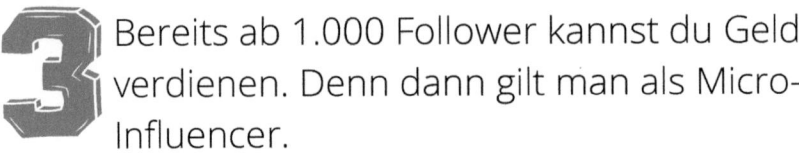 Bereits ab 1.000 Follower kannst du Geld verdienen. Denn dann gilt man als Micro-Influencer.

Bereits 20% aller Internetnutzer haben schon mal etwas gekauft, weil ein Influencer es beworben hat.

 Für Unternehmen ist es besonders lukrativ, mit Influencern zusammenzuarbeiten. Denn für jeden US-Dollar, den sie für Influencer Werbung ausgeben, bekommen sie 5,61 US-Dollar zurück.

 Das Vermögen von Bibi Claßen (Bibis Beautypalace) wird auf 5 Mio. Euro geschätzt.

 70% aller Jugendlichen vertrauen Influencern mehr als herkömmlichen Stars.

 Einige Unternehmen agieren selbst als Influencer. Red Bull zum Beispiel hat über 5 Mio. Abonnenten auf YouTube.

9 Die beliebtesten Modemarken auf Instagram sind Fashion Nova, Zara und LiketoKnow.it.

10 Die "wertvollsten" Influencer in Deutschland sind Leonie Hanne (10,9 Mio. € Markenwert) und Pamela Reif (10,4 Mio. € Markenwert).

11 Die meisten Follower im Bereich Politik hat Angela Merkel. 1,8 Mio. Menschen folgen ihr auf Instagram.

12 Ryan Kaji ist einer der jüngsten Influencer der Welt. Bereits als 8-Jähriger hat er mit seinem YouTube-Kanal 26 Mio. US-Dollar im Jahr verdient.

Kategorie: Pubertät

1. Heutzutage kommen Mädchen mit circa 10 Jahren in die Pubertät und Jungen mit 12 Jahren. Übergewicht kann dazu führen, dass die Pubertät früher beginnt.

2. Im 19. Jahrhundert bekamen Mädchen ihre erste Regelblutung erst mit durchschnittlich 17 Jahren. Heute bereits mit 13/14 Jahren. Grund ist der bessere Lebensstandard.

3. Auch die meisten Tiere durchlaufen die Pubertät. Grönlandhaie tun dies ziemlich spät. Erst mit circa 150 Jahren sind sie geschlechtsreif.

4. Forscher haben herausgefunden, dass Hunde während ihrer Pubertät weniger gehorsam sind. Kommt dir das bekannt vor?

 Die meisten Tiere, die in die Pubertät kommen, brechen den Kontakt zu ihren Eltern vollständig ab.

 In der Pubertät herrscht im menschlichen Gehirn eine Art Baustelle. Einige Hirnareale vergrößern sich, werden neu vernetzt oder komplett außer Betrieb genommen.

 Durch die Veränderungen im Gehirn sind Jugendliche oft impulsiver und risikofreudiger, als Erwachsene.

 Jugendliche sind dauernd müde, weil sich die natürliche Müdigkeit Richtung Mitternacht verschiebt. Wer dann früh geweckt wird, bekommt daher zu wenig Schlaf.

9 Die Pubertät dauert im Schnitt bis zum 21. Lebensjahr an. Erst dann ist das Längenwachstum bei vielen abgeschlossen.

10 Nicht nur die Stimme von Jungen wird tiefer. Auch bei Mädchen kann man diese Veränderung feststellen. Allerdings nicht in gleichem Maße.

11 Akne wird nicht durch ungesundes Essen oder eine mangelnde Hygiene verursacht. Hormone sind schuld daran, dass zu viel Talg produziert wird und die Poren verstopfen.

12 Jugendliche in der Pubertät schwitzen mehr und häufiger. Auch dafür sind Hormone verantwortlich.

Kategorie: Medizin

1 Manche Menschen tragen ihr Herz auf der rechten Seite. In Deutschland sind es circa 4.000 Personen.

2 Man schrumpft im Tagesverlauf. Abends sind wir circa 2cm kleiner als morgens, weil die Bandscheiben in der Wirbelsäule zusammengestaucht werden.

3 Es gibt sehr viele auch kuriose bekannte Angststörungen. Caligynephobie ist die Angst vor schönen Frauen.

4 Nicht nur Menschen können allergisch auf Katzen reagieren. Auch 0,5% aller Hauskatzen sind allergisch gegen Menschen.

 Auf nicht geputzten Zähnen leben etwa 1 Milliarde Bakterien. Ganz schön ekelig, oder?

 Der Daumen hat die gleiche Länge wie die Nase. Miss mal nach!

 Das menschliche Gehirn hat eine Speicherkapazität von etwa 4 Terabyte.

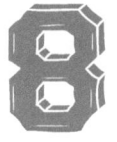 Manchmal sterben Menschen, wenn sie sich an Papier schneiden. Grund ist die Infektion der Schnittwunde und eine anschließende Blutvergiftung.

9 Wenn ein Mensch auf die Welt kommt, hat er 300 Knochen im Körper. Wenn er ausgewachsen ist, nur noch 206. Im Laufe des Lebens wachsen Knochen teilweise zusammen.

10 Männer sind 10 Mal so häufig farbenblind wie Frauen.

11 Maden werden manchmal zu medizinischen Zwecken eingesetzt. Sie fressen altes Fleisch aus offenen Wunden und helfen so bei der Wundheilung.

12 Deine Fingernägel wachsen dreimal schneller als deine Zehennägel.

Kategorie: Corona

 Corona ist ein Wort aus dem spanischen und bedeutet Krone. Der Erreger hat unter dem Mikroskop eine Art Krone. Daher stammt der Name.

 Während der Corona-Krise war die Wettervorhersage ungenauer. Grund waren fehlende Flugzeuge am Himmel. Diese liefern Wetterdaten an Meteorologen.

 Im Corona-Lockdown stieg der Datenverkehr bei WhatsApp um 500% an.

 Der Anteil am E-Commerce stieg von 13,4% im Jahre 2019 auf 18,3% in 2021. Der Trend zum Online-Shopping beschleunigte sich also in der Pandemie.

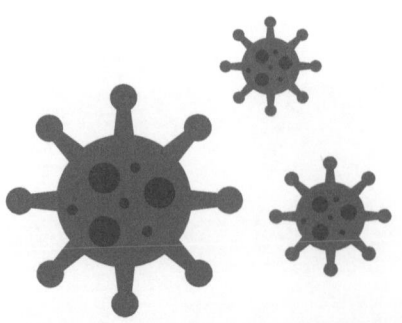

 Weil die Luftqualität sich während der Pandemie verbesserte, konnte man den Himalaya von Indien aus sehen. Dazwischen liegen etwa 200 km Luftlinie.

 Während der Pandemie stieg die Nachfrage nach Hundewelpen deutlich an. Durch Stay-at-Home und Homeoffice entschieden sich viele Familien dazu, einen Hund zu adoptieren.

 Durch den Lockdown sank der Wasserverbrauch in Deutschland um 10% in privaten Haushalten. Scheinbar wurde seltener geduscht :)

 Durch die verringerte Mobilität während der Pandemie gab es 26% weniger Verkehrsunfälle auf deutschen Straßen.

9 Homeoffice kann Treibhausgase um 54 Millionen Tonnen reduzieren. Wenn das nicht mal ein Grund ist, mehr Heimarbeit zu machen.

10 Das Wort des Jahres 2020 war Coronapandemie; das Unwort des Jahres war Corona-Diktatur.

11 Die Pandemie hat zu einem Anstieg psychischer Krankheiten geführt. Allein im Jahr 2020 sind die Fälle von Depressionen und Angststörungen um 25% gestiegen.

12 22% aller Menschen in Deutschland fahren mehr Fahrrad als noch vor der Krise.

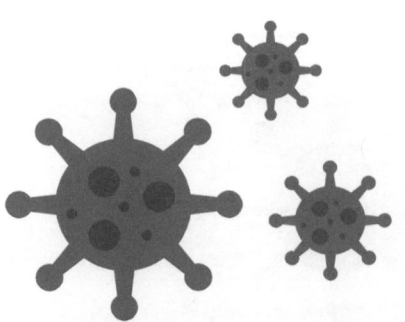

Kategorie: Alltag

 Täglich werden 27.000 Bäume in Form von Toilettenpapier in Toiletten heruntergespült.

 Ein Blatt Papier kann nicht mehr als 9 Mal in der Mitte gefaltet werden. Probiere es doch mal aus.

 Menschen atmen immer nur durch ein Nasenloch. Circa alle 15 Minuten wechselt das Nasenloch, durch das wir atmen.

 Es ist nicht möglich, beim Niesen die Augen offenzuhalten.

 Statistisch gesehen schlafen verheiratete Männer meist auf der rechten Bettseite.

 Im Durchschnitt ersticken 100 Menschen im Jahr an Kugelschreibern.

 Die Schleimhaut im Magen schützt ihn davor, sich selbst zu verdauen.

 Jährlich kommen mehrere Tausend Linkshänder durch den Gebrauch von Gegenständen für Rechtshänder ums Leben.

9 Etwa 85% aller Menschen können ihre Zunge zu einer Rolle formen. Du auch?

10 Laut einer Studie biegen 90% aller Frauen, die in ein Kaufhaus gehen, rechts ab.

11 40% aller Männer, aber nur 16% aller Frauen setzen sich auf die Klobrillen in öffentlichen Toiletten.

12 Menschen können anatomisch nicht mit offenen Augen schlafen.

everyday

Kategorie: Universum

 Im Vergleich zur Erde ist der Mond ein Winzling. Er weist in etwa das gleiche Volumen wie der Pazifische Ozean auf.

 Im Vergleich zur Sonne ist unsere Erde ein Winzling. Denn die Erde passt mehr als eine Million Mal in die Sonne.

 Ohne Schutzanzug könnte ein Mensch im Weltall nur circa 2 Minuten überleben.

 Die Erde dreht sich mit jedem Jahr langsamer um die Sonne. Daher wird auch jedes Jahr um eine Sekunde länger sein als das Vorjahr.

 Die Erde ist der einzige Planet, auf dem Feuer brennen kann. Grund dafür ist, dass es auf anderen Planeten nicht ausreichend Sauerstoff gibt.

 Außer der Erde wurden alle Planeten in unserem Sonnensystem nach einem Gott benannt.

 Das Licht braucht von der Sonne zur Erde 8 Minuten.

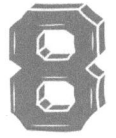 Unsere Sonne ist eigentlich weiß. Erst durch die Atmosphäre wirkt sie für unser Auge gelb.

9 Ein Raumanzug kostet durchschnittlich 11 Millionen US-Dollar.

10 Fußabdrücke auf dem Mond können nicht verschwinden, da es keinen Wind gibt, der den Sand dort verwirbeln könnte.

11 In 7,4 Milliarden Jahren wird die Sonne die Erde verschlingen, da ihre Oberfläche sich immer weiter ausdehnt.

12 Im Weltraum ist es totenstill. Das liegt daran, dass dort ein Vakuum herrscht.

Kategorie: Arbeitswelt

 Es gibt viele kuriose Berufe auf der Welt. Einer von ihnen ist Glückskeksautor.

 Pilot und Copilot essen an Bord nie das gleiche Gericht. So können nicht beide eine Lebensmittelvergiftung erleiden.

 Wenn du 40 Stunden die Woche bis zum 65. Lebensjahr arbeitest, so hast du in deinem Leben 90.000 Stunden mit Arbeiten zugebracht.

 Montag ist der häufigste Krankheitstag in einer Arbeitswoche.

 In den Niederlanden beträgt die wöchentliche Regelarbeitszeit lediglich 30 Stunden. Das ist doch mal ein Grund auszuwandern, oder?

 25% ihrer Arbeitszeit verbringen Menschen mit Bürojobs damit, E-Mails zu lesen und zu beantworten.

 Dienstag ist statistisch gesehen der produktivste Wochentag.

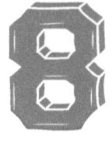 Ausgeschlafene Mitarbeiter mit 7,5 bis 9 Stunden Schlaf die Nacht sind um 20% produktiver.

9 Eine ausreichende Flüssigkeitszufuhr kann die Produktivität von Mitarbeitern um 14% steigern.

10 Etwa 40% aller Meetings in deutschen Firmen werden von den Teilnehmern als unproduktiv eingestuft. Eine ziemliche Zeitverschwendung, oder?

11 Jeder fünfte Arbeitnehmer hat bereits innerlich gekündigt.

12 Jeder dritte Arbeitnehmer fühlt sich erschöpft und arbeitet am Ende seiner Belastungsgrenze. Das ist ein ziemlich trauriger Fakt.

Kategorie: Geschichte

 Im Zweiten Weltkrieg konnte man heiraten, obwohl ein Partner nicht anwesend war. Der Mann, der im Krieg gekämpft hat, wurde symbolisch durch einen Stahlhelm bei der Trauung ersetzt.

 In den USA durfte man bis zum Jahr 1914 auch Kinder per Post versenden.

 Ein Gymnasium war in der Antike keine Schule, sondern ein Ort zum Nacktturnen.

 Wenn deutsche Frauen vor dem Jahr 1953 einen Ausländer heirateten, verloren sie dadurch automatisch ihre deutsche Staatsbürgerschaft.

 Dauerregen von April bis November klingt schrecklich? So war es aber im Jahr 1315 tatsächlich in vielen Teilen Europas.

 Der Eiffelturm wurde im Jahre 1889 für die Weltausstellung erbaut. Ursprünglich sollte er damals wieder abgerissen werden.

 High Heels wurden früher nur von Männern getragen, um größer zu wirken. Erst im 17. Jahrhundert fingen auch Frauen an, Schuhe mit Absätzen zu tragen.

 Kleopatra war keine Ägypterin, sondern Griechin.

9 1664 wurde New Amsterdam in New York umbenannt. So heißt die Stadt heute noch.

10 Die Farbe der Liebe war im Mittelalter grün.

11 Im Jahr 1867 kauften die USA den Staat Alaska für 7,2 Millionen Dollar von Russland ab.

12 Adolf Hitler wurde 1938 vom Time Magazine zur "Person of the Year" gekürt.

Kategorie: Deutschland

 In Deutschland gibt es über 2.000 Burgen.

 Deutschland ist das Land des Bieres. Es gibt hier über 1.500 Sorten.

 Die deutsche Sprache hat 35 offizielle Dialekte.

 Das Bundeskanzleramt in Berlin wird von den Berlinern auch liebevoll Waschmaschine genannt.

 Deutschland ist der Staat mit der größten Bevölkerung in Europa.

 Die längste Autobahn liegt ebenfalls in Deutschland und ist die A7. Sie ist 960km lang und beginnt an der dänischen Grenze und endet an der österreichischen Grenze.

 Das Oktoberfest in München ist mit 6 Millionen Besuchern jährlich das größte Volksfest der Welt.

Das Automobil wurde 1886 in Deutschland erfunden.

9 Ein Kegel aus der Redewendung "mit Kind und Kegel" ist das mittelalterliche Wort für ein uneheliches Kind.

10 Der Weihnachtsbaum mit Lichtern und Schmuck wurde in Deutschland erfunden und setzte sich als Tradition auf der ganzen Welt durch.

11 Die Firmen Adidas und Puma wurden beide in Deutschland von zwei Brüdern gegründet. Die Dassler-Brüder blieben bis zu ihrem Tod zerstritten.

12 48% des deutschen Mülls wird recycelt. Damit liegt Deutschland auf Platz 3 nach Österreich und der Schweiz.

Kategorie: lustig

 Auf Schwedisch heißt Mutter Mor. Oma ist dann Mormor und Uroma ist Gammelmormor.

 Wenn Kühe viele Möhren essen, dann wird ihre Milch rosa.

 Die deutsche Bezeichnung für weibliche Computer-Hacker ist Häckse.

 Den einflussreichsten Twitter-Account hat der Papst.

 Auf Niederländisch heißt die Raupe Nimmersatt "Rupsje Nooitgenoeg". Klingt doch ultrasüß, oder?

 Seehunde können stundenlang mit ihren Freunden lachen. Eine fröhliche Tierart also.

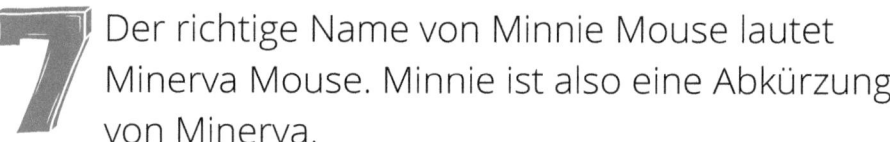 Der richtige Name von Minnie Mouse lautet Minerva Mouse. Minnie ist also eine Abkürzung von Minerva.

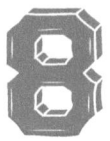 Mit der Spucke, die du im Laufe deines Lebens produzierst, könnte man zwei Swimmingpools füllen. Lecker, oder? :)

9 In Florida ist das Pfeifen unter Wasser verboten. Hast du es schon mal versucht?

10 Würde ein Mensch genauso viel weiter wachsen, wie in seinem ersten Lebensjahr, dann wäre er am Ende der Wachstumsphase etwa fünf Meter groß.

11 In Daytona (USA) ist es nicht erlaubt, Mülltonnen sexuell zu belästigen.

12 Das Wappentier von Schottland ist ein Einhorn.

Kategorie: Fußball

 Lediglich 8 Länder der Welt haben jemals eine Fußball-Weltmeisterschaft gewonnen. Am häufigsten war es Brasilien mit 5 Titeln.

 Erst seit 1896 muss ein Fußballfeld in Deutschland baumfrei sein.

 Durchschnittlich 11 Kilometer läuft ein Fußballspieler während der 90 Minuten in einem Spiel.

 Der älteste Spieler bei einer Fußball-WM war der 45-jährige ägyptische Torhüter Essam el-Hadary, der im Jahr 2018 bei der WM in Russland spielte.

 Der Siegerpokal der Fußball-Weltmeisterschaft ist so wertvoll, dass er nach der Siegesfeier an die FIFA zurückgegeben werden muss. Die Spieler erhalten eine Imitation.

 Fußballprofis erkranken dreimal so häufig an Demenz als die Normalbevölkerung. Grund dafür sind die vielen Kopfbälle, die das Gehirn schädigen können.

 Die Rote Karte wurde erstmals bei der WM 1970 in Mexiko eingeführt.

 Bayer Leverkusen wird in England "Neverkusen" und in Spanien "las Aspirinas" (wegen des Schmerzmittels Aspirin) genannt.

9 Die Meisterschale des DFB hat einen Materialwert von 25.000€.

10 Real Madrid hat ganze 8 Jahre und 8 Tage kein Heimspiel verloren. Erst der FC Barcelona beendete diese Rekordserie.

11 Es gibt ein Christiano Ronaldo Museum in Funchal auf Madeira. Christiano Ronaldo hat es 2013 selbst eröffnet.

12 Der Spitzname der australischen National-Elf lautet Socceroos.

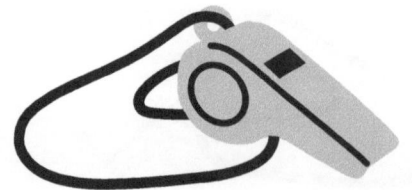

Kategorie: Party

1 Im Mittelalter freuten sich alle, wenn der Wanderzirkus in die Stadt kam und den Tanzbären mitgebracht hat. Daher kommt die Redensart: "da steppt der Bär".

2 Konfetti stammt aus dem 18. Jahrhundert. Damals wurden kleine Süßigkeiten auf Partys geworfen. Heutzutage wirft man Papierschnipsel.

3 Das neue Jahr wird schon seit dem 14. Jahrhundert mit lautem Krach gefeiert. Ursprünglich wollte man an Silvester so die bösen Geister des Vorjahres vertreiben.

4 Erst seit 1974 wird die Volljährigkeit mit dem 18. Geburtstag gefeiert. Zuvor war man erst mit 21 Jahren volljährig.

 In weiten Teilen Deutschlands wird der Brauch praktiziert, dass Junggesellen zu ihrem 30. Geburtstag die Treppen ihres Rathauses fegen müssen. Eingeführt wurde dies als Hänselstrafe.

 Spezi war zunächst der Name für ein Bier. Erst später war unter dem Namen die Limo bekannt.

 Der Limbo-Tanz Weltrekord liegt bei einer Stangenhöhe von 16,5cm.

 Ein Sektkorken kann mit bis zu 40 km/h aus der Flasche schießen.

9 Wer in Deutschland 100 Jahre alt wird, bekommt eine Glückwunschkarte vom Bundespräsidenten.

10 Wenn du auf einer Party flirten willst, solltest du über das Thema Reisen sprechen. Das Thema ist statistisch betrachtet das erfolgreichste Flirt-Thema.

11 Statistisch ist das Wetter am Wochenende meist schlechter, als an Werktagen. Irgendwie haben wir es schon immer gewusst, oder?

12 Sind auf einer Party mehr als 23 Gäste, so liegt die Chance, dass zwei von ihnen am gleichen Tag Geburtstag haben bei über 50%.

Kategorie: Gaming

1 Super Mario sollte ursprünglich anders heißen. Die erste Version seines Namens war Mr. Video. Danach wurde er in Jumpman umbenannt. Schließlich nannte ihn der Nintendo Chef dann Super Mario.

2 Ganze 29 Jahre kann ein Spiel in Animal Crossing für den Game Cube andauern. Wer hat schon so viel Zeit?

3 Das am häufigsten verkaufte Computerspiel ist Tetris. Das am häufigsten verkaufte Online-Game ist Minecraft.

4 Johan Sundstein aus Dänemark ist der am besten bezahlte Online-Gamer. Auf Turnieren hat er schon insgesamt 7 Millionen US-Dollar eingespielt.

 In Grand Theft Auto: San Andreas wird das Wort "Fuck" sehr häufig benutzt. Ganze 365 Mal kann man es dort hören.

 Das Spiel "Final Fantasy" wurde so genannt, weil der Erfinder dachte, dass es das letzte Spiel seiner insolventen Firma sein wird. Ziemlich falsch gelegen :).

 Super Marios Kumpel Luigi heißt so, weil der Name von dem japanischen Wort "ruiji" abgeleitet wurde, was so viel wie ähnlich heißt.

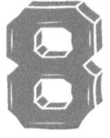 In dem Spiel Borderlands gibt es über 16 Millionen Waffen, die man sammeln kann.

9 Snake war das erste Handyspiel der Welt.

10 Es gibt 896 verschiedene Pokemon und 18 verschiedene Typen, denen sie zugeordnet sind.

11 Die Playstation 2 ist die meistverkaufte Konsole aller Zeiten. Knapp 157 Millionen Stück wurden weltweit verkauft.

12 Die deutschen Gamer sind Spitzenreiter in Sachen Zeitaufwand fürs Gaming. Ganze 8 Stunden pro Woche spielt ein Gamer im Durchschnitt.

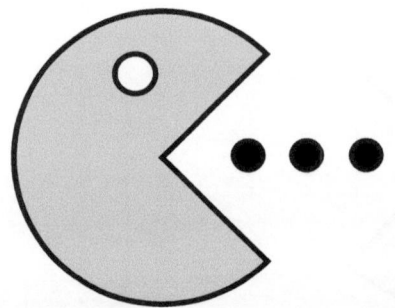

Kategorie: Rekorde

 Der längste Schluckauf der Welt dauerte 68 Jahre. Im Jahr 1922 bekam Charles Osborne Schluckauf und dieser verschwand nie wieder.

 Der längste Bart der Welt ist 2,495m lang und gehört Sarwan Singh aus Kanada.

 21,16m groß ist die größte Sandburg der Welt. Sie wurde in Dänemark aus 4.860 Tonnen Sand gebaut.

 Ganze 444 geschmückte Weihnachtsbäume hat der Deutsche Thomas Jeromin in seiner Wohnung aufgebaut.

 Der längste Kuchen der Welt war 734,08m lang und wurde von Schülern der Philipp-Reiss-Schule in Lichtenberg gebacken.

 Der schwerste Dönerspieß der Welt wog 423,5kg und wurde im Jahr 2017 in Berlin hergestellt.

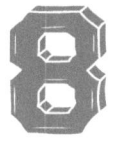 Der Rekord im Luftanhalten liegt bei 19 Minuten und 21 Sekunden. Der Schweizer Peter Colat stellte diesen Rekord 2010 auf.

 Die meisten Klimmzüge an den kleinen Fingern schaffte der Italiener Tazio Gavioli. Genau 36 Stück schaffte er, indem er sich dabei nur mit den kleinen Fingern an der Stange festhielt.

9 15,71 Sekunden benötigt der Japaner Kenichi Ito für 100m auf allen Vieren. Damit hält er den Weltrekord für den schnellsten Lauf auf Händen und Füßen.

10 Die größte Gummienten-Kollektion hat Charlotte Lee. Sie besitzt ganze 5.361 verschiedene Gummienten.

11 Der älteste DJ der Welt ist eine Frau und sie ist 85 Jahre alt. DJ Sumirock legt in Tokio auf.

12 Die längsten Fingernägel waren 8,65 Meter lang und gehörten Lee Redmond aus den USA.

Kategorie: verrückte Gesetze

 In Bhutan ist es dem jüngeren Bruder nicht erlaubt, Sex zu haben, wenn der ältere Bruder noch Jungfrau ist.

 Auf Hawaii ist es verboten, sich Geldmünzen ins Ohr zu stecken.

 In Detroit, Michigan, ist es Männern verboten, ihre Frauen sonntags böse anzuschauen.

 In der Schweiz darfst du nach 22 Uhr nicht mehr die Toilettenspülung betätigen, damit die Nachbarn sich nicht gestört fühlen.

 In Singapur darf man Kaugummi nur auf ärztliche Anordnung kauen.

 In Dubai ist es für Paare verboten, sich in der Öffentlichkeit zu küssen oder Händchen zu halten.

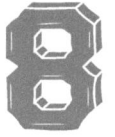 In den USA sind Überraschungseier verboten. Grund dafür ist, dass man Kinder vor dem Verschlucken von kleinteiligem Spielzeug schützen will.

In Deutschland darfst du zwar nackt Autofahren, aber nicht nackt aus dem Auto aussteigen.

9 In Thailand ist es verboten, auf Geld zu stehen. Denn auf den Geldscheinen ist der König abgebildet.

10 Wer in Griechenland seinen nackten Po aus einem Auto hält, muss umgehend ins Gefängnis.

11 Wer in Singapur vergisst, eine Toilettenspülung zu betätigen, nachdem er sie genutzt hat, kann dafür mit einem Bußgeld belangt werden.

12 In Venedig ist es verboten, in Brunnen aller Art baden zu gehen.

In eigener Sache

Hat dir das Buch gefallen? Dann schaue dir im Amazon Shop noch weitere Bücher von Lea Winterer an. Diese Bücher sind speziell für Jugendliche und ihre Bedürfnisse konzipiert.

© Lea Winterer 2022
1. Auflage
Kontakt: Mary-Anne Winkler
c/o Block Services
Stuttgarter Straße 106
70736 Fellbach